Michael Heinen-Anders
Das Schenken – eine vergessene
volkswirtschaftliche Kategorie

Copyright ©2018 Michael Heinen-Anders

Herstellung und Verlag: BoD - Books on Demand,
Norderstedt

ISBN **9783746080666**

Inhaltsverzeichnis

Das Schenken – eine vergessene volkswirtschaftliche Kategorie

Sucht man in wirtschaftswissenschaftlicher Fachlektüre nach dem Begriff des Schenkens, so wird man in der Regel ratlos selbst in Lexika nach dem Begriff des Schenkens fahnden – er kommt schlicht nicht vor[1]. Im Alltag kommt das Schenken denn auch nur im weihnachtlichen Brauchtum, zu Geburtstagen, manchmal – und seltener – auch zu Namenstagen vor. Und selbst aus dem österlichen Brauchtum ist analog zu Weihnachten das Schenken kaum mehr wegzudenken.

Der Philanthrop oder Mäzen dagegen, welcher wie beispielsweise Daniell Porsche[2] sein Geld wegschenkt, um soziale Anliegen zu fördern gilt vielleicht allerhöchstens noch als spleenig, richtige soziale Anerkennung wird er aus seinen (Wohl-)Taten wohl kaum generieren können.

---

[1] Vgl. z.B. Geigant/Haslinger/Sobotka/Westphal: Lexikon der Volkswirtschaft, Landsberg/Lech 1994. Dort findet sich unter dem Stichwort ‚Schenkung‘ kein Eintrag. Lediglich rechtliche Aspekte des Schenkens werden mit Verweisen bedacht (Schenkungsbilanz, Schenkungssteuer), ebenda S. 808.
[2] Vgl. http://anthrowiki.at/Daniell_Porsche

8

Das Schenken kommt in neueren volkswirtschaftlichen Lehrbüchern nicht vor

Schaut man neuere volkswirtschaftliche Lehrbücher[3] durch, so wird man über das Schenken als volkswirtschaftliche Funktion und Kategorie, gleichfalls nichts finden können.

Dies ist eigentlich auch nicht weiter erstaunlich, denn die – heutzutage - in theoretischen Modellen operierende Volkswirtschaftslehre hat sich von der realen Wirklichkeit weitgehend gelöst.[4]

Natürlich gibt es auch innerhalb des Lehrkörpers Kritik an der beinahe autistisch operierenden Lehre und Forschung innerhalb der etablierten Ökonomie. Der Ökonom Peter Ulrich formulierte daraus den Anspruch auf eine Ergänzung der herkömmlichen Ökonomie durch eine philosophisch fundierte Wirtschaftsethik.[5]

---

[3] Vgl. z. B. Mankiw/Taylor: Grundzüge der Volkswirtschaftslehre, Stuttgart 2008 oder Peter Bofinger: Grundzüge der Volkswirtschaftslehre, Hallbergmoos 2015.

[4] Vgl. z.B. Wolfgang Waldner: Trugschlüsse der Volkswirtschaftslehre – Wie Professoren mit Modellen Studenten indoktrinieren und eine krisenverschärfende Wirtschaftspolitik fordern, Norderstedt 2011.

[5] Vgl. Peter Ulrich: Transformation der ökonomischen Vernunft – Fortschrittsperspektiven der modernen Industriegesellschaft, Bern –

Die Funktion des Schenkungsgeldes
nach Rudolf Steiner

Schenkgeld oder Schenkungsgeld ist ein von Rudolf Steiner geprägter Begriff[6] des Begriffs-Trios Kaufgeld, Leihgeld, Schenkgeld, der von ihm im Zusammenhang der Idee der Dreigliederung des sozialen Organismus entwickelt wurde.

Das Schenkgeld soll dabei innerhalb des sozialen Organismus (als Schenkung) an das freie Geistesleben fließen. Funktionell ist es im Gegensatz zum Kaufgeld deshalb ein ganz anderes und auch notwendig zu unterscheidendes Geld, weil der Schenkende im Gegensatz zum Kaufenden keine bezifferbare Gegenleistung erhält. Andererseits ist aber ohne geistige Entwicklung kein Fortschritt der Menschengemeinschaft denkbar, so dass das Schenken eine Notwendigkeit darstellt. Während das Kaufgeld zum gegenseitigen Austausch von Leistungen dient, tauscht man mit Schenkgeld quasi in eine offene Zukunft.

Damals und bis heute geschieht dieser Prozess meist unbemerkt, zum Beispiel in Form von Steuern als

---

Stuttgart 1986 sowie Peter Ulrich: Zivilisierte Marktwirtschaft – Eine wirtschaftsethische Orientierung, Bern – Stuttgart – Wien 2010.
[6] Vgl. Rudolf Steiner: Nationalökonomischer Kurs, GA 340, Dornach 1979 und Rudolf Steiner: Nationalökonomisches Seminar, GA 341, Dornach 1986.

10

Zwangsschenkung. Steiner möchte, dass die selbstverwalteten Institutionen des Geisteslebens, zu denen Schulen, Universitäten, Kirchen und das Kunstleben u.a gehören, diese Mittel bewusst und ohne den Umweg der staatlichen Verwaltung erhalten. Alles, was im sozialen Organismus unbewusst oder verdeckt geschieht, geißelt er als schädlich.

Zudem muss man auch in der Lage sein zu schenken, also einen Überschuss haben, den man nicht für den Konsum oder die Produktion braucht. Kann oder will man dieses Überschuss-Geld weder aufbewahren noch verleihen, wird man es Schenken. Eine Steuer zwingt auch den zum Schenken, der es eigentlich gar nicht kann.

Wichtig in diesem Zusammenhang ist das Altwerden des Geldes oder Sterben des Geldes. Das freie Geistesleben wird vorrangig altes, kurz vor dem Ablaufen befindliches Geld erhalten, das sich nicht mehr zum Verleihen und nur noch kurz zum Kaufen eignet. Durch eine Assoziations-Bank des Freien Geisteslebens und der am Boden arbeitenden Wirtschaft (Land- & Forstwirtschaft, Rohstoffabbau u.a.) kann dieses Geld verjüngt werden und wieder als Kaufgeld in den Zyklus gehen.

Die GLS Bank (Gemeinschaftsbank für Leihen und Schenken) hat ihren Namen aus dieser Denkrichtung und versucht diesbezüglich auch praktisch mit Geld zu arbeiten.

Die Unterscheidung in die Makro-, Meso- und Mikrosphäre der Gesellschaft

Es läßt sich unterscheiden, von welcher Ebene aus die Gesellschaft betrachtet wird. So umfasst die Makro-Ebene die gesamtgesellschaftlichen Strukturen, die Meso-Ebene die Stufe der gesellschaftlich operierenden Institutionen und schließlich die Mikro-Ebene den individuellen Bereich gesellschaftlicher Wirklichkeit.[7]

Schenkungsgeld makrosozial betrachtet

Phänomenologisch betrachtet befinden wir uns im gegenwärtigen Kapitalismus im Zeichen des „Kapitalstaus".
Es geistert das „überzählige" Kapital im heutigen Finanzkapitalismus durch virtuelle Anlageräume mit dem Ziel größtmöglicher Rendite, die sich aber oft nicht erfüllen lässt.[8]
„Das Problem, was mit dem vielen Geld im Eigentum weniger geschehen soll wird ständig

---

[7] Vgl. Thomas Schwietring: Was ist Gesellschaft? – Einführung in soziologische Grundbegriffe, Konstanz 2011, S. 146 – 147.
[8] „Bisweilen gewinnt man fast den Eindruck, die Rente (d.h. Rendite, MHA) sei zum Inbegriff allen ökonomischen Übels geworden." Thomas Piketty: Das Kapital im 21. Jahrhundert, München 2014, S. 563.

größer. Darin liegt die Crux der heutigen Wirtschaftsordnung." (Sahra Wagenknecht)[9].

"Soll die Demokratie eines Tages die Kontrolle über den Kapitalismus zurückgewinnen, wird man zuallererst von dem Prinzip ausgehen müssen, dass die konkreten Formen der Demokratie und des Kapitals wieder und wieder neu zu erfinden sind." (Thomas Piketty)[10].

Um einen Abfluß des überzähligen Kapitals – das so als gealtert erscheint – zu erzeugen bedarf es verschiedener Maßnahmen. Eine davon ist der Abfluß dieses alten Kapitals in gesellschaftliche Bereiche, in denen dieses Frische und Aktualität zurückgewinnen kann, indem es als Schenkungsgeld an Assoziationsbanken fließt, die es an das Freie Geistesleben (Kunst, Kultur, Wissenschaft, Religion) weiterleiten.
„Auf dem Wege zu einer Ökonomie des Schenkens ist es von großer Bedeutung, daß man zunächst „innerhalb des volkswirtschaftlichen Prozesses endlich begreifen lernt, was wirkliche Werte sind und was Scheinwerte sind" (Rudolf Steiner). (Es) (…) kommt darauf an, „daß man erst einmal das Geld ordentlich kennenlernt, bevor man etwas sagen kann darüber, was es für eine Rolle spielt, wenn es zum Ausdruck des Preises für etwas

---

[9] Sahra Wagenknecht: Freiheit statt Kapitalismus. Über vergessene Ideale, die Eurokrise und unsere Zukunft, Frankfurt a. M. 2012, S. 165.
[10] Thomas Piketty: Das Kapital im 21. Jahrhundert, München 2014, S. 784.

anderes wird" (Rudolf Steiner). Insbesondere wird man immer klarer erkennen müssen „daß die Trinität von Zahlen, Leihen und Schenken drinnen ist im volkswirtschaftlichen Prozeß" (Rudolf Steiner) und daß man die Geldströme in einer Ökonomie nach dieser Trinität einrichten muß".[11]

„In den alten Kulturen wurde dies durch die hierarchische Ordnung erzwungen, man erinnere sich an das Bild des Tempels und an die Opfergaben und Zahlungen, die ursprünglich der Gottheit galten".[12]

Was damals unbewußt als Schenkungsgeld sich konfigurierte, muß heute in bewußter Weise als solches neugestaltet werden. All dies ist angelegt im gesellschaftlichen Plan von der Dreigliederung des sozialen Organismus.[13]

So lange der soziale Organismus nicht durch eine bewußt durchgeführte Soziale Dreigliederung auf der gesamtgesellschaftlichen Ebene gesunden kann, mehren sich die Krankheitszeichen des ungestalteten, wild wuchernden Kapitalwachstums in unserer Gesellschaft. Das Kapital altert und wird daran gehindert in gesunder Weise als Schenkungsgeld abzufließen.

„Wie das Meer dem Tidenhub, den Kräften von Ebbe und Flut unterliegt, so folgt auch unsere

---

[11] Georg F. von Canal: Geisteswissenschaft und Ökonomie. Die wert-, preis- und geldtheoretischen Ansätze in den ökonomischen Schriften Rudolf Steiners, Schaffhausen 1992, S. 183.
[12] Hans Georg Schweppenhäuser: Das kranke Geld. Vorschläge für eine soziale Geldordnung von morgen, Frankfurt a. M. 1982, S. 155.
[13] Vgl. Rudolf Steiner: Die Kernpunkte der Sozialen Frage, Dornach 1996.

Wirtschaft mächtigen, langfristigen Wachstumswellen mit einer Länge von etwa 70 Jahren. In der Frühphase der Wachstumszyklen herrscht kräftiges Wachstum, das den materiellen Wohlstand vieler Menschen hebt. Es folgt ein Zenit, danach schlägt das weitere Wachstum um in krankhafte, krebsartige Wucherungen und bringt fatale soziale Fehlentwicklungen mit sich, die schließlich schmerzlich bereinigt werden müssen: Sei es über Wirtschafts- und Finanzkrisen, die Elend und Not mit sich bringen, zerstörerische Prozesse wie Aufruhr, Chaos, Bürgerkrieg oder sogar Krieg. Wir befinden uns derzeit – ähnlich wie 1914 – in der Schlussphase eines solchen langen, mächtigen, knapp 70-jährigen Wachstumszyklus, der 1945 begann und sich nun mit innerer, eiserner Notwendigkeit seinem Ende zuneigt.

Der ökonomische Kern der 70-Jahres-Zyklen liegt in unserer Eigentumsordnung. Die drei Hauptquellen für leistungslose Einkommen sind Boden (inklusive Immobilien), Unternehmensvermögen und Geldvermögen. Die (Nicht-Arbeits-) Einkommen aus diesen Vermögen wachsen aufgrund des Zinseszinseffektes exponentiell.

Spätestens ab der Mitte des 70-Jahres-Wachstumszyklus wird daher systembedingt die Ungleichverteilung immer stärker.

Ungleichverteilung und ökonomische Machtkonzentration nahmen seit etwa Anfang der 1980er Jahre weltweit im Zuge dieser Akkumulationsprozesse kontinuierlich zu. Da wohlhabende Haushalte eine höhere Sparquote haben als weniger wohlhabende, steigt mit zunehmender Ungleichverteilung auch die Sparquote und damit das Angebot an Kapital. Weltweit betrachtet hat das in den letzten 30 Jahren exponentiell wachsende Kapitalangebot zu Druck nach unten auf die Zinsen geführt. Die stark wachsenden Kapitalmassen suchten international nach rentierlichen Anlagemöglichkeiten. Diese überreichlich zur Verfügung stehenden "vagabundierenden" Geld- bzw. Kapitalmittel führten zu überhöhten, krebsartigen Investitionen in Sachanlagen aller Art weltweit. Die hohen Investitionen der letzten 30 Jahre bewirkten ein starkes Wirtschaftswachstum weltweit. So wuchs beispielsweise in den USA die Wirtschafskraft pro Kopf der Bevölkerung (BIP pro Kopf) von 1978 bis 2011 real um 73% (von 100 auf 173).

Andererseits blieben die Masseneinkommen während der letzten etwa 30 Jahre wegen der zunehmenden Ungleichverteilung immer stärker hinter dem Wirtschafts- und Kapazitätswachstum zurück. In den USA etwa stiegen die Medianeinkommen, ein guter Indikator für die Masseneinkommen, von 1978 bis 2011 real lediglich um 5% (von 100 auf 105). Die Differenz zwischen dem Aufbau der Produktionskraft von 100 auf 173 und der Massenkaufkraft von 100 auf lediglich 105 wurde zum großen Teil über zunehmende Schulden finanziert. Vermutlich weit über 100 Millionen Familien weltweit sowie einige Länder lebten in den letzten 30 Jahren deutlich über ihre Verhältnisse, gaben mehr aus als sie einnahmen und finanzierten diese künstliche Nachfrage durch höhere Verschuldung.

So entstand ein zum guten Teil auf Pump und damit auf Sand gebautes Wirtschaftswachstum.

Somit hat sich seit 1978 eine gewaltige Nachfragelücke aufgebaut, die nun vor einer Bereinigung steht. Anders ausgedrückt: ein erheblicher Teil der zwischen 1978 und 2011 aufgebauten Produktionskapazitäten sind Überkapazitäten.

Derjenige Teil des Wachstums der Produktionsanlagen, der künstlich, auf Pump finanziert wurde, gleicht einem wirtschaftlichen Krebsgeschwür, das nun die Gesamtentwicklung zu erdrücken droht. Das viele überschüssige Geld – die leistungslosen Einkommen in Form von Dividenden, Mieten, Pachten und Zinsen betragen in Deutschland derzeit jedes Jahr etwa 500 Milliarden Euro -, statt dorthin zu fliessen, wo es eigentlich hingehört: zu den leistungslosen Menschen, also den Kindern, Senioren, Kranken usw., fliesst mehr oder weniger willkürlich auf die Girokonten von vermögenden Menschen. Die vermögenden Menschen wissen nicht mehr wohin mit dem Geld und stecken es in zusätzliche Häuser, Bodenkäufe, Aktienkäufe, Maschinenkäufe, Gold usw. Dadurch entstehen krebsartige Wucherungen: viel zu viele Häuser, Produktionsanlagen usw. Bestimmte Bereiche des sozialen Organismus werden durch Krebsgeschwüre zunehmend erdrückt, andere Bereiche leiden an Auszehrung, Anämie.

Unser sozialer Organismus ist schwer krank. Diese krebsartigen Überkapazitäten könnten, wenn man etwas weniger hohe Zahlen wie für die USA auch für den Rest der Welt unterstellt, eine Größenordnung von bis zu einem Drittel der Weltindustrieproduktion haben. Eine Bereinigung dieser Überkapazitäten hat seit Ausbruch der Finanz- und Wirtschaftskrise 2007 praktisch nicht stattgefunden, der größte Teil des Kapazitätsabbaus mit allen damit verbundenen negativen ökonomischen und sozialen Auswirkungen wie beispielsweise einem deutlichen Anstieg der Arbeitslosigkeit, steht noch bevor. Die seit 2007 von den Politikern und Wirtschaftslenkern ergriffenen Krisenmassnahmen sind praktisch alle falsch. Sie verschärfen das Grundproblem der Ungleichverteilung und verschaffen lediglich einen Zeitgewinn, das heisst, sie schieben die kommende Krise auf, statt sie zu kurieren und verschlimmern dadurch den kommenden Bereinigungsprozess. Noch wäre Zeit, durch geeignete wirtschaftspolitische und soziale Massnahmen sowie ein Umdenken das kommende Debakel abzuwehren. Aber die Zeit drängt. Der soziale Krebs wächst."[14]

---

[14] Christian Kreiß: Sozialer Krebs und 70-Jährige Krisenzyklen – Warum es immer wieder zu Finanz- und Wirtschaftskrisen kommt – solange wir nichts ändern. In: Ein Nachrichtenblatt (für Mitglieder der Anthroposophischen Gesellschaft) vom 5. April 2015, 5. Jahrgang, Nr. 7, S. 1 – 2.

Schenkungsgeld mesosozial betrachtet

Für unsere gegenwärtige Zeit hat Rudolf Steiner bereits früh einen „Kampf aller gegen alle" in Aussicht gestellt.[15] Doch damit sind zugleich auch Chancen verbunden „in Freiheit" eine neue soziale Brüderlichkeit zu entwickeln und diese in Form von beispielgebenden Einrichtungen gewissermaßen dagegenzustellen.[16]
Gerade das Geldwesen und damit auch die Idee eines Schenkungsgeldes eignet sich hervorragend, um beispielhafte soziale Einrichtungen gründen und/oder befruchten zu können. Der Versuch entsprechender Bankeinrichtungen wurde denn auch an verschiedenen Orten realisiert (z.B. Triodos Bank, GLS Gemeinschaftsbank) um in die Gesellschaft ausstrahlen zu können. Bereits der ursprüngliche Name der GLS Bank in Bochum als „Gemeinschaft für Leihen und Schenken" weist darauf hin, dass das Schenkungsgeld hier bereits am Ausgangspunkt der Überlegungen zur Einrichtung solcher gesellschaftlichen Alternativen stand.[17]

---

[15] Vgl. Rudolf Steiner: Die Tempellegende und die Goldene Legende als symbolischer Ausdruck vergangener und zukünftiger Entwickelungsgeheimnisse des Menschen. Zwanzig Vorträge gehalten in Berlin zwischen dem 23. Mai 1904 und dem 2. Januar 1906. GA 93, Dornach 1979, S. 116ff.
[16] Vgl. Adriaan Bekmann/Markus Osterrieder/Baruch Luke Urieli/Frank Verborg: Der Krieg aller gegen alle und die Geburt einer neuen Brüderlichkeit, Stuttgart 1998
[17] Vgl. z.B. Wilhelm Ernst Barkhoff: Geld- und Bankwesen. In: Zivilisation der Zukunft – Arbeitsfelder der Anthroposophie,

Man begann im Anwaltsbüro von W. E. Barkhoff (einem der Hauptinitiatoren der GLS Treuhand und der GLS Bank) damit, „individuelle Wege zu entwickeln für Menschen, die es z.T. langweilig fanden, ihr Geld immer nur weiter zu vermehren, sondern Freude entwickelten, Geld zu verschenken für Menschen und Initiativen, die sie für wichtig hielten. Das konnten Sofortschenkungen sein oder auch Schenkungen, die erst mit ihrem Tode wirksam wurden, unwiderrufliche Schenkungen oder mit einem Widerrufsrecht verbunden, Schenkungen mit einem Nießbrauch oder mit verschiedenen Auflagen u.v.m. (...). Aber sie mußten schon selbst den Sinn ihres Umgangs mit Geld entdecken und finden. Er wurde ihnen nicht vorgegeben. Es ging (...) nicht darum, ein Gutmenschentum, ein neues Mäzenatentum zu pflegen (...), sondern anzuregen, gemeinsam mit anderen das wirtschaftlich Sinnvolle und Vernünftige zu tun."[18]

A.H. Bos beschäftigte sich derweil mit der Frage, ob Organisationen – gleich welcher Art – im mesosozialen für den Ansatz der sozialen Dreigliederung nützlich und förderlich sein können – und er kam zu einem positiven Ergebnis. Zwei der zentralen Punkte dabei drehten sich um das Schenkungsgeld:

- „Bedingungslose Geldschenkungen für

---

herausgegeben von Herbert Rieche und Wolfgang Schuchhardt, Stuttgart 1981, S. 371 – 376.

[18] Rolf Kerler: Eine Bank für den Menschen. Von den Anfängen und Impulsen der GLS Treuhand und GLS Bank, Vlg. am Goetheanum, Dornach 2011, S. 18.

Einrichtungen des Geisteslebens" und
- „Politischer Einsatz dafür, daß solche
Schenkungsgelder auch institutionell eingesetzt
werden können (…). Erst dann wird das geistig-
kulturelle Leben seine reichsten Früchte tragen,
auch auf mesosozialem Gebiet."[19]

Gerade am Beispiel der GLS Treuhand lässt sich
eine solche eminente Fruchtbarkeit auch
nachweisen.[20]

Schenkungsgeld mikrosozial betrachtet

Die Schenkungen auf mikrosozialer Ebene – also
von Mensch zu Mensch – sind letztlich Ausdruck
reinster Nächstenliebe.
Nächstenliebe ist eine Form der Liebe, durch die
der Mensch unmittelbar für seinen Mitmenschen
tätig werden will. Sie ist mehr als ein bloßes Gefühl
der Hinwendung und des Verständnisses, das zwar
den Ausgangspunkt bildet, aber dann in konkrete
Taten mündet. Die tätige Nächstenliebe, die
Wohltätigkeit, wird im Christentum als Karitas (von
lat. caritas „Hochachtung, hingebende Liebe,
uneigennütziges Wohlwollen") bezeichnet.

"Es handelt sich also vielleicht doch darum, daß
man nicht bloß von der Nächstenliebe spricht,
sondern wie man von dieser Nächstenliebe spricht,

---

[19] Bos/Brüll/Henny: Gesellschaftsstrukturen in Bewegung – Soziale
Dreigliederung in Theorie und Praxis, Achberg 1976, S. 142.
[20] Vgl. GLS Treuhand e.V. (Hg.): Da hilft nur schenken. Mit
schenken und Stiften die Gesellschaft gestalten, Frankfurt a.M. 2011

ob man in abstrakter Weise von ihr spricht oder ob man in Konkretheit nachsieht, wie diese Nächstenliebe sich betätigen kann [...]

Nicht darauf kommt es an, Nächstenliebe zu predigen! Ich habe oftmals gesagt in den verschiedensten Kreisen: Wenn im Zimmer ein Ofen steht, und ich rede so, wie es nun üblich geworden ist in der bürgerlichen Weltanschauung, von allerlei ethischen Forderungen zu sprechen, zu denen auch die Nächstenliebe gehört, dann müßte ich sagen: Der Ofen hat die Pflicht, das Zimmer warm zu machen. Aber wenn ich mich auch bemühe zu sagen: Lieber Ofen, es ist deine Ofenpflicht, das Zimmer warm zu machen, es ist deine heilige Pflicht -, und ich wiederhole das immer wieder und wieder, das Zimmer wird halt kalt bleiben! Aber ich kann mir die Rede sparen, wenn ich Holz einlege und es anzünde. Da tue ich das Konkrete, da wird es warm im Zimmer."[21]

Mildtätigkeit und Nächstenliebe werden, insbesondere dann, wenn sie sich in Schenkungen oder Subventionen (Verbilligungen) niederschlagen häufig belächelt, doch ihr Nutzen ist evident, wie sich nicht allein am Beispiel der Tafeln und Suppenküchen zeigt. – Im Zeitalter von „Downsizing" und Hartz IV eine eherne Notwendigkeit.

---

[21] Rudolf Steiner: Die Befreiung des Menschenwesens als Grundlage für eine soziale Neugestaltung. Altes Denken und neues soziales Wollen., GA 329, Dornach 1985, S. 182ff.

Auch viele Künstler und Schriftsteller sind – gerade auch heute -, nicht selten, auf mäzenatische Zuwendungen angewiesen.

Doch der letzte in der Kette, das scheint der einfache Bettler zu sein, dessen Einnahmen aus Almosen neuerdings bei den überlebenswichtigen Zahlungen von Hartz IV und Sozialhilfe als Einnahmen angerechnet werden[22] – wie paradox!

Derlei Praktiken können nur als Angriff auf die Würde und Autonomie des Menschenwesens verstanden werden – und sind damit wohl im ureigenen Sinne letztlich verfassungswidrig.[23]

Ausblick

Schenkungen können als Taten reinster Liebe aufgefasst werden.
Die Liebe aber ist nach Rudolf Steiner nicht eigener Verdienst, sondern immer nur Abschlag auf die Vorvergangenheit.[24]

---

[22] Vgl. http://www.rp-online.de/nrw/panorama/dortmund-jobcenter-kuerzt-bettler-das-hartz-iv-aid-1.7220005

[23] Zur Verfassungsinterpretation vgl. Helmut Fangmann/Michael Blank/Ulrich Hammer: Grundgesetz. Basiskommentar, Bund Vlg., Köln 1991 (sowie Neuauflage mit gleichem Titel 1996, wiederum beim Bund-Vlg., Köln).

[24] Vgl. Rudolf Steiner-Hörbuch-CD: Licht und Liebe. Gelesen von Michael Mentzel, Dornach 2001

„Liebe ist im Überfluß vorhanden. Und je mehr wir in der Liebe leben und je mehr Liebe wir geben, desto mehr kommt zu uns zurück und umso reicher werden wir."[25]

---

[25] Josef Zehentbauer/Alfred Rott: Das Liebe—Prinzip. Reich werden durch verschwenden, München 2005 (Zitat vom Rückseitencover).

Autobiographische Notiz:

Michael Heinen-Anders wurde am 25.02.1960 in Köln geboren. Er studierte an der Bergischen Universität Wuppertal Wirtschafts- und Sozialwissenschaften.
1989 schloss er das Studium als Diplom-Ökonom ab.
Michael Heinen-Anders trat 1994 der Anthroposophischen Gesellschaft, Zweig Köln, bei.
Seit 2011 ist er gleichfalls Mitglied der Freien Hochschule für Geisteswissenschaft.
Er veröffentlichte zahlreiche literarische, essayistische und wissenschaftliche Schriften, darunter „Aus anthroposophischen Zusammenhängen", BOD, Norderstedt 2010 und „Aus anthroposophischen Zusammenhängen Band II", BOD, Norderstedt 2012.
Michael Heinen-Anders lebt in Köln, ist geschieden und hat zwei erwachsene Töchter.